LA ROYAUTÉ

PAR

UN RÉPUBLICAIN

L'IMPRIMEUR-ÉDITEUR S'ENGAGE A FOURNIR

100 exemplaires au prix de	**30** fr.		
200	—	—	**55**
500	—	—	**120**
1000	—	—	**200**

P. S. — Adresser les demandes à l'Imprimerie, rue Jacques-de-Brosse, 10, à Paris.

PARIS

A. LAPORTE, IMPRIMEUR-ÉDITEUR

Librairie ancienne et moderne

7, QUAI MALAQUAIS ET RUE BONAPARTE, 1

1872

PRÉFACE

A quoi bon, cher monsieur, les quelques lignes que vous me demandez pour servir d'introduction à votre brochure, elle est trop dans le vrai pour ne pas faire son chemin sans protecteur.

1870 et 1871 ont été si féconds en terribles événements que chacun peut se demander aujourd'hui ce que nous deviendrons demain. Le passé, cependant, devrait nous apprendre à bien employer le présent pour sauvegarder l'avenir.

Il vous est d'autant plus permis de livrer vos nouvelles convictions à la critique de tous les partis, que jamais aucun gouvernement n'a pu vous imposer ses faveurs, et que dans un provisoire aussi déplorable que le nôtre, se déclarer partisan d'un roi sans trône, c'est donner une nouvelle preuve de cette indépendance ferme et loyale qui est le vrai caractère de votre vie politique.

Le titre que vous avez choisi : *La Royauté par un républicain*, est l'énergique profession de foi du dévouement que vous n'avez jamais cessé de prodiguer au pays, et s'il vous coûte un peu de votre popularité, je sais que vous en ferez d'autant plus volontiers le sacrifice, que vous êtes plus convaincu qu'il servira au salut de notre chère patrie.

Merci, cher monsieur, de m'avoir donné la première lecture de votre écrit, qui n'est que la sincère révélation de toutes mes espérances.

L. N.

Paris, 20 décembre 1871.

LA ROYAUTÉ

PAR

UN RÉPUBLICAIN

LES PRINCIPES

En matière gouvernementale, il n'y a que deux principes admissibles, la RÉPUBLIQUE *ou* la ROYAUTÉ; tout autre gouvernoment n'est que le résultat des intrigues d'ambitieux, et ne peut assurer ni la grandeur ni la sécurité d'un peuple, parce que l'inconstance du flot populaire qui l'a porté, doit infailliblement le renverser.

Tels sont tombés la république de 1793, le premier empire, le gouvernement de juillet, la république de 1848, le second empire, et tel tombera le gouvernement du 4 septembre, qui déjà a fait son temps dans l'opinion publique...

En effet, tout parvenu a une suite sur laquelle il s'est appuyé, et comme il ne peut jamais la satisfaire, elle devient bientôt un nouvel élément de révolution sous lequel il est obligé de succomber tôt ou tard.

Enfin, toutes les fois qu'un peuple se reconnaît le droit de changer son souverain, qu'il s'appelle empereur, roi ou assemblée nationale, sous prétexte qu'il ne lui convient plus, ou qu'il suppose en avoir trouvé un autre qui lui convient mieux, il entre dans l'ère des révolutions permanentes, il ouvre ainsi la porte à tous les prétendants et, bientôt ruiné à l'intérieur, il s'aliène toutes les puissances étrangères.

Telle est la situation actuelle de la France !

Il faut donc reconnaître, malgré les séduisantes théories des révolutionnaires, qu'il n'y a de possible et de stable que la République ou la Royauté légitime, parce que l'une et l'autre partent d'un principe immuable; de là, tout homme sincère et conséquent, s'il n'est pas républicain, ne peut-être que légitimiste, et réciproquement, les autres partis n'existant pas et ne pouvant exister, je ne leur ferai pas même l'honneur d'en discuter les avantages ou les défauts.

J'ai toujours regardé d'un œil d'envie les institutions de la Hollande et de la Belgique. Dans ces royales républiques les ministères peuvent changer sans porter atteinte aux droits et à la dignité du souverain.

Je sais que les bonapartistes voudraient se ressusciter par un plébiscite, mais je leur nie la faculté de pouvoir y prendre part, parce qu'ils rentrent dans la catégorie des prétendants sans principe, et qu'alors ils ne sont que des perturbateurs.

Du reste, à quel titre Napoléon viendrait-il réclamer l'entrée en lice dans un plébiscite ?

Est-ce qu'en 1851, en 1852 et en 1868 il a laissé le peuple choisir entre la royauté légitime, la république où l'empire ? Jamais. Il s'est servi comme toujours de la carte forcée, et il nous a dit :

« Je veux telle chose; répondez-moi par oui ou par non. » Mais il avait soin de faire ajouter par des meneurs intéressés : « Si vous me « répondez non, vous aurez une terrible révolution. »

C'est ainsi que par la peur, la majorité d'un triple oui nous a amené jusqu'à la honte.

Aujourd'hui l'Assemblée nationale est souveraine, elle est l'expression de la volonté populaire, c'est à elle à poser la question, et il est de son devoir le plus impérieux d'en établir avant tout le principe, **si toutefois elle consent à laisser faire un plébiscite,** *ce dont je doute.* Si donc l'Assemblée nationale, pénétrée de sa haute mission, ne laisse pas introduire dans ses discussions d'autres principes gouvernementaux, elle déclarera énergiquement que la France n'admet que

LA RÉPUBLIQUE OU LA ROYAUTÉ LÉGITIME.

et que c'est au peuple à choisir l'une ou l'autre.

On dit que les légitimistes repoussent tout vote sur la personne du roi Henri V, et prétendent qu'en vertu des droits acquis son nom ne peut-être soumis à un plébiscite.

Les légitimistes auraient complétement raison, si on faisait voter sur Henri V comme roi et si on le mettait en concurrence avec un autre roi, mais ce n'est point ainsi que je l'entends et je demande à m'expliquer.

La France, par ses représentants actuels, n'admettant que deux principes pour la gouverner, proposerait purement et simplement au peuple de choisir entre les deux, de sorte que ce ne serait pas sur la personnalité du roi, dont nul ne conteste la légitimité, que le vote aurait lieu, mais bien seulement sur le principe gouvernemental que la majorité de la France veut se donner. Et, si le principe de la royauté est adopté, tout le monde reconnaîtra qu'il ne peut y avoir un autre roi qu'Henri V.

C'est donc à l'Assemblée nationale, si elle juge que la France est lasse des révolutions qui la déchirent depuis 80 ans, à déclarer hautement qu'il n'y a que deux principes : la République et la Légitimité.

Toute autre théorie serait aussi dangereuse qu'absurde, car si l'Assemblée ne limitait pas les conditions d'un plébiscite (**si plébiscite il y a**), en procédant par élimination des éléments révolutionnaires, elle y appellerait tous les prétendants. Alors tous les principions de la terre, les Gambetta, les Delescluze, enfin le premier citoyen venu, pourraient briguer, en faveur de sa royauté ou de son système, les suffrages de la France, au même titre que Napoléon III, c'est-à-dire à titre d'ambitieux et de perturbateur.

Depuis quelque temps, le public semble redouter un coup d'Etat. Mais pourquoi cette crainte, puisque, tôt ou tard, il nous faudra sortir de l'éternel provisoire? Quant à moi, je ne m'en plaindrai pas, si l'homme de ce coup d'Etat est honnête, énergique, et comprend loyalement les vrais intérêts de la France.

On parle beaucoup encore du parti que prendrait l'armée en pareil cas! Selon moi, je ne mets pas en doute qu'elle n'obéisse à son chef, qui, lui-même, n'obéira qu'à l'Assemblée nationale.

De ce premier chapitre, je conclus qu'il faut en revenir aux principes, et qu'il n'y a pas de salut pour la France, en dehors d'eux.

Examinons maintenant, en nous appuyant sur le passé, pour assurer l'avenir, quel est le principe qui nous convient dans le présent.

LA RÉPUBLIQUE

Personne n'a été plus républicain que moi, mais j'avoue que les tristes expériences, que nous avons faites de la République, et tous les malheurs qu'elle nous a causés, m'ont convaincu que le rêve de toute ma vie est irréalisable; et j'en arrive à dire, comme cet américain : «Je suis républicain aux États-Unis, mais je ne le suis pas en France. » M. de Bismark, lui-même, sait si bien que cette forme de gouvernement nous est funeste, qu'on lui prête les paroles suivantes :

« Sans vouloir complétement ruiner la France, je ne veux pas « qu'elle se relève; aussi la maintiendrai-je, le plus longtemps possible, « en République. »

Ainsi, de l'avis de nos amis et de nos ennemis, nous ne sommes pas faits pour vivre en République.

Pour mon compte, je ne crains pas de dire que la République, telle qu'elle est pratiquée en France, est la pente glissante qui nous entraîne forcément par bonds terribles au Socialisme et à la Commune.

Pourquoi donc vouloir y persister, si elle doit nous perdre?

Le plus grand tort de toutes les républiques, que nous avons subies, est d'avoir laissé se produire toutes les ambitions, et, comme chacun s'est cru capable de gouverner, nous sommes constamment tombés sous l'autorité des plus audacieux et des plus incapables.

Il est inutile de citer les noms de nos diplomates, pour prouver qu'ils n'ont été, depuis vingt ans, que des nullités prétentieuses. Tout le monde a pu s'apercevoir que la plupart de nos financiers n'ont été que des intrigants, que nos généraux sont restés à cent coudées au-dessous de leur mission, et que nos administrateurs n'étaient que des ignorants.

Un pareil assemblage devait infailliblement, en présence d'un homme comme M. de Bismark, nous conduire où nous sommes, et cette situation est l'œuvre de l'Empire et de la République : L'EMPIRE EN DÉMORALISANT, ET LA RÉPUBLIQUE EN APPLIQUANT LA DÉMORALISATION.

Au 4 septembre, comme toujours, la République a mis à sa tête ceux qui, sous le gouvernement précédent, avaient fait le plus de bruit, sans s'apercevoir que ces nouveaux venus étaient forcés, par reconnaissance, de s'entourer (passez-moi l'expression), de tous les pipes en bois, leurs amis, dont ils ont fait, en cinq minutes, des préfets, des financiers, des magistrats et même des généraux, tous pères de la Commune : Avouons que de tous ces hommes pris au hasard, pas un n'a marqué utilement, et que même, il en est, parmi eux auxquels la justice ferait bien de demander des comptes.

Savez-vous pourquoi, aujourd'hui, les employés des ministères se croisent les bras une partie de la journée ? Eh bien ! c'est parce que beaucoup de préfets, beaucoup de nouveaux élus des conseils généraux et des conseils municipaux, n'entendent rien à l'administration, ne s'occupent que de politique, n'expédient aucune des affaires et laissent tout languir.

Vous voulez la République, restons-y, si malgré l'opinion de M. de Bismark, la République peut nous donner la paix intérieure. Mais ce n'est là que le petit côté de la question, il nous faut compter avec les puissances étrangères, prendre notre revanche contre la Prusse et rentrer dans l'Alsace et la Lorraine, et pour y arriver, il n'y a que deux moyens :

Le premier, par la diplomatie.

Or, nos diplomates républicains ne sont pas capables. Le seraient-ils ? que la diplomatie de l'Europe monarchique n'écoutera jamais des hommes qui n'ont eu que le café de Madrid pour école des chartres, ɷt les puissances étrangères ne se donneront pas la peine d'exercer la moindre pression sur la Prusse pour nous faire rendre nos deux provinces perdues, tant que nous serons en République.

M. Thiers, lui-même, a dû en faire l'expérience, et je suis sûr qu'il ne me contredira pas. M. Picard, notre ambassadeur républicain, à Bruxelles, semble tellement peu satisfait de la manière dont il est reçu, qu'il est toujours à Paris.

Le second, par les armes.

Mais alors, pour faire la guerre à l'Allemagne entière, il nous faut des alliances ; est bien sot ou bien ignorant celui qui croira que les souverains de l'Europe prêteront leur épée à la République française, dont les entraînements démagogiques compromettent chaque jour leur couronne. Au contraire, il est bien plus à supposer que ces souverains se tourneront contre elle, jusqu'à ce que *nous soyons écrasés.*

Il ne faut donc pas songer, sans alliance, à faire de longtemps la guerre à la Prusse, car ce serait provoquer une nouvelle invasion, plus désastreuse encore que les premières.

Après Sedan, les empereurs d'Autriche et de Russie n'auraient pas mieux demandé que de nous venir en aide, si, au lieu de proclamer la République, nous eussions simplement décrété le gouvernement de la défense nationale.

Voilà donc une proclamation de la République qui a ruiné la France, au moral comme au physique. Car l'Autriche et la Russie ont, dès lors, considéré une alliance avec nous, comme une mésalliance contraire à leur intérêt dynastique, et nous ont abandonnés au moment où elles pouvaient nous sauver.

Pour nous enlever toute illusion au sujet de la considération dont nous jouissons à l'étranger, consultez les voyageurs , ils vous diront que dans tous les pays de l'Europe , on y tient les français en très-mince estime et que les autrichiens eux-mêmes, enorgueillis des succès de l'Allemagne, veulent devenir *allemandsprussiens.*

M. de Bismark a donc maintenant l'espoir de posséder l'Autriche, sans même brûler une cartouche, et il le devra à sa diplomatie.

La République française, qui est l'épouvantail de tous les trônes, ne peut donc compter sur aucune alliance en Europe, et c'est ainsi que, *par elle*, disparaissent toutes nos espérances de gloire.

Je ne pense pas qu'il puisse se trouver des hommes de cœur qui, lorsque le sort de la patrie est en question, ne soient pas toujours prêts à lui sacrifier leurs opinions politiques, dès qu'ils seront convaincus que la République est impossible, et qu'elle doit faire notre malheur.

J'ai tellement peu de confiance en tout ce qui se passe aujourd'hui, que je ne saurais dire de quels désastres nous sommes menacés.

Qui sait, si un jour, l'Europe fatiguée ne voudra pas se partager la France et la réduire à sa plus simple expression, pour en finir avec les révolutions républicaines qui l'agitent trop souvent?

C'est à vous, commerçants, industriels, ouvriers, rentiers, propriétaires et cultivateurs, tous pères de famille, à bien réfléchir sur les destinées que vous réserve la République française, et à ne pas vous laisser entraîner par **les malins** qui, du petit au grand, n'ont pas d'autre théorie que celle-ci : « Ote-toi de là que je m'y mette. »

Mais alors quelles sont les dupes, quelles sont les victimes? Vous, toujours vous.

Je sais qu'on est à la recherche de la solution d'un grand problème social, *c'est celle de* « trouver cet inconnu qui pourrait établir avec équité le rapport entre le capital et le travail ». On trouvera peut-être cet inconnu tant désiré, quant à moi, j'ai toujours échoué devant les passions humaines, qui, sans cesse dans la pratique, ont renversé les calculs des plus saines théories politiques.

Vous avez vu à l'œuvre les hommes du 4 septembre. Qu'ont-ils fait? — Des sottises. Vous reverrez peut-être encore les hommes de la Commune. Que feront-ils? Vous le savez, plus mal encore.

J'en conclus que la France est tellement dégénérée, qu'elle ne peut subsister en République, parce que la bonne foi politique est bannie de son territoire.

En voulez-vous une preuve toute récente? Eh bien, voyez si ceux qui, sous Louis-Philippe, jouaient à la République, ne sont pas devenus les plus chauds partisans de l'empire. Voyez encore, si la plupart de nos grands républicains d'aujourd'hui n'ont pas été d'ardents solliciteurs des faveurs impériales. Cela tient à ce que tous ces agitateurs, qui ne sont que des ambitieux, se tournent toujours à la première occasion, du côté où les attirent leurs intérêts, intérêts, dont vous n'êtes que les *marche-pieds*.

Est-ce à de tels hommes que vous oserez confier l'honneur de la France, vos fortunes et la vie de vos enfants? Non. Mais si vous le faites, vous serez coupables, et vous en subirez les tristes conséquences.

Rappelez-vous comment M. Emile Ollivier, le plus pur des républicains, l'un des Cinq, est devenu, de concessions en concessions, ministre de Napoléon III, et comment, d'ultra-libéral, il est passé au régime ultra-autoritaire.

Rappelez-vous comment M. Ernest Picard et autres, après avoir demandé pendant vingt ans la liberté de la presse, ont voté le rétablissement du timbre et du cautionnement.

Eh bien, si les Gambetta, les Delescluze ou leurs amis, arrivent jamais au pouvoir, ils ne tiendront pas plus leurs promesses que leurs prédécesseurs, promesses qu'ils ne vous font que pour obtenir vos suffrages.

De tels faits me permettent de supposer que si Napoléon revenait, M. Jules Simon, le 606 de l'Internationale, serait peut-être le premier à se mettre aux pieds de Sa Majesté pour conserver ou pour rattraper son ministère.

Voilà la tête, que devez-vous penser de la suite? Si ce n'est qu'elles ne méritent ni l'une ni l'autre votre confiance, et que ces prétendus républicains rendent la République matériellement impossible.

Voilà pourquoi je n'en veux pas, ou pourquoi je n'en veux plus.

LA ROYAUTÉ

Jacques Laffite a publiquement demandé pardon à Dieu et aux hommes d'avoir fait la révolution de 1830. Comme lui, je m'excuse courageusement d'avoir si longtemps cru à la possibilité de la République. Mais j'avais jugé les hommes meilleurs qu'ils ne le sont.

Si, en présence de l'expérience de quatre-vingt années d'agitations, chacun voulait se rendre compte des faits, je ne doute pas que la majorité de la France ne se prononçat franchement pour la royauté légitime.

Je sais qu'il est pénible à un républicain d'abandonner ses théories, mais cet abandon devant la vérité devient un acte de courage.

En effet, il est permis de se tromper, mais c'est un crime, lorsqu'on a reconnu son erreur, d'y persévérer.

Si je demande le retour à la royauté légitime, c'est parce que je la crois plus stable que tout autre gouvernement, et, qu'avant tout, nous avons besoin de repos.

C'est, parce qu'après le roi, on peut crier sans faire de révolution : « Le roi est mort! vive le roi. »

C'est parce que cette royauté est plus digne, plus généreuse et surtout **plus démocrate** que l'autorité de tous ces parvenus, qui nous ont accablé de leur despotisme.

C'est parce qu'elle peut choisir ses diplomates, ses administrateurs, ses magistrats et ses généraux, parmi les véritables sommités, qu'elle ne craint pas d'aller chercher dans tous les rangs de la société, lorsqu'elle y a distingué un homme de mérite. Les Fabert, les Jean-Bart, les Colbert et tant d'autres, en sont des exemples frappants.

C'est parce qu'elle peut mettre une barrière aux aspirations purement ambitieuses, aspirations qui ont toujours été la cause de nos révolutions.

Enfin, c'est parce qu'elle nous a prouvé qu'elle savait mourir pour la patrie.

Je suis parfaitement au courant de tous les moyens avec lesquels on cherche à dénaturer les meilleures intentions, pour tromper les masses et combattre un adversaire. Mais je veux discuter ces petits moyens, et j'espère qu'il n'en restera bientôt plus trace dans les esprits sensés.

On a reproché à Henri V de tenir à son drapeau blanc.

Si cet excès de loyauté a pu paraître impopulaire, il a du moins le mérite du courage aux yeux des honnêtes gens, et je demande quel est le Français qui osera lui faire un crime de ne pas déserter le drapeau avec lequel ses aïeux ont fait la France et conquis l'Alsace et la Lorraine.

Je le veux bien, le drapeau tricolore a pu donner quelques belles pages à notre histoire, mais n'a-t-il pas assisté, sous les Napoléon, à trois invasions de la France par l'étranger, et n'a-t-il pas toujours été le drapeau des intrigants et des usurpateurs?

Qui osera nier que le drapeau tricolore n'a pas été l'introducteur du drapeau rouge, dont je ne veux pas même parler.

Les Charlemagne, les François Ier, les Henri IV, les Louis XIV, les Bayard, les Turenne, les Condé, et tant d'autres, ont illustré la France à l'ombre du drapeau blanc, et personne n'osera contester leur gloire.

Berlin, triomphant, regorge de nos drapeaux tricolores, **et le drapeau blanc n'y entrera qu'en vainqueur**, parce qu'il est le vrai drapeau de la France.

On cherche encore à abuser la population en lui disant que la royauté légitime sera le retour à la domination des prêtres et à la dîme. Ce sont là des banalités avec lesquelles on voudrait tromper le peuple et auxquelles les propagateurs eux-mêmes ne croient pas, parce qu'ils savent parfaitement que les légitimistes ont marché avec le temps, et qu'ils sont certainement dans le mouvement d'un progrès plus vrai, plus solide, et surtout plus honnête que les démagogues.

Il faut réellement être de bien mauvaise foi pour menacer le peuple de la domination des prêtres, quand les prêtres sont devenus des fonctionnaires salariés de l'état, plus dépendants qu'un maire, dont les fonctions sont gratuites.

Que ceux qui parlent du retour à la dîme, veuillent donc bien me dire à qui on pourrait la payer, car il ne reste rien de la féodalité, ni châteaux, ni domaines. La terre est aujourd'hui, en France, divisée en vingt fois plus de parcelles qu'il n'y a d'habitants dans chaque village?

Telle est la valeur des arguments dont se servent les démocrates, qui veulent nous dominer et auxquels les simples accordent certain crédit.

On peut, au contraire, assurer que la légitimité sera assez puissante pour garantir toutes les libertés, que sa diplomatie sera assez influente pour reprendre dans le monde entier le rang qu'elle occupait autrefois, et que c'est par cette diplomatie que nous rentrerons dans l'Alsace et la Lorraine, sans tirer un coup de canon, parceque la légitimité trouvera en Europe toutes les alliances dont elle aura besoin.

Du reste, qui niera que l'intérêt de l'Europe monarchique, une fois débarrassée de la République, ne soit pas de conserver l'équilibre entre toutes les puissances et de nous faire restituer tout notre territoire pour mettre un terme aux conquêtes inquiétantes de la Prusse?

Il est évident que M. de Bismark n'est pas de cet avis et qu'il tient à conserver la France en République, par ce qu'il est sûr qu'elle sera toujours abandonnée à elle-même. Au besoin, il préférerait lui donner Napoléon plutôt que la légitimité, parce qu'il ferait ce qu'il voudrait du vaincu de Sedan.

On dit encore que si Henri V revient, c'est la guerre avec l'Italie.

Napoléon vous a dit : « L'Empire, c'est la paix. » Et le sang français a coulé, sous l'empire, dans tous les coins du monde.

Henri V vous dit très-loyalement :

« L'Empereur a commis une faute impardonnable en faisant l'unité
« de l'Italie, il a créé ainsi, à nos portes, une puissance de 30 millions
« d'habitants qui doit un jour devenir dangereuses, tandis qu'il eût
« été d'une bonne politique de laisser l'Italie divisée en petits
« royaumes dont la France n'aurait jamais rien eu à redouter. »

Henri V déclare donc qu'il veut rendre l'Italie à tous ses souverains, et il a raison, car c'est l'intérêt de la France et plus encore celui de l'Italie.

Pour cela fera-t-il la guerre? Non, il ne cherchera pas sa force dans ses canons, mais bien dans sa diplomatie, qui sera à même d'imposer à l'Europe la marche de ses propres intérêts, et il assurera ainsi la paix universelle sans répandre le sang d'un peuple qui lui est cher.

Voilà ce que j'avais à répondre à toutes ces manœuvres calomnia-trices dont se servent certains misérables pour faire des dupes.

Oui, je suis comme vous, je veux que la démocratie ne perde rien de tous ses droits, je veux l'égalité devant la justice, je veux la liberté régie par les lois, et je veux la fraternité cordiale et sincère entre tous, car c'est de cette trinité sociale, indispensable au XIXe siècle, que doit sortir la grandeur de la France, et Henri V veut tout cela comme moi.

Croyez-vous que ceux qui ont guillotiné Louis XVI aient été plus démocrates que Louis XVI rendant à la France toutes les libertés dont on a tant abusé depuis?

Croyez-vous que les Communeux qui ont fusillé les otages et les agents de police, qui ont incendié les maisons et pillé les particuliers, aient été plus démocrates que les frères qui allaient penser leurs soldats sur les champs de bataille, ou que les agents de police qui ont défendu l'ordre, ou même que les grands industriels qui ont construit ces maisons en donnant de l'ouvrage à toute une population laborieuse ?

Vous savez maintenant quel cas vous devez faire de ces belles théories démocratiques avec lesquelles on vous trompe, car il n'en est pas parmi vous qui n'ait eu à souffrir d'un ami arrivé à la fortune, et si vous êtes sincère vous avouerez que cet ami, une fois parvenu, devint le plus dur et le plus fier des aristocrates, qu'il se méfiât de tout le monde, et que surtout il prit grande peur de la mort.

Rappelez-vous que si les gentilshommes ont acquis une renommée de politesse, de droiture et de bravoure, c'est qu'ils n'ont jamais compté qu'avec leur honneur, tandis que les parvenus qui ne comptent qu'avec leur or, ont le cœur sec et l'esprit étroit.

Le moment solennel est arrivé, et vous devez réfléchir si après un siècle de sang répandu inutilement, de honte et de ruines accumulées, il n'est pas temps de revenir au vrai et au stable.

Oui, tout nous commande, pour sauver la France, de crier unanimement : **Vive la Royauté légitime**, jusqu'à ce que nous soyons digne de la République.

Croyez bien, chers Français, que Henri V en acceptant le trône, nous prouve une fois de plus son dévouement, car il possède tout à souhait : fortune, considération, respect et tranquillité, tandis que le fardeau de la royauté ne peut que lui donner le souci de faire notre bonheur à tous et de relever la France.

Henri V ne demandera pas la couronne, il l'acceptera, parce qu'il sait conserver sa dignité de prince.

Ce sont là les seuls sentiments qui doivent prendre place dans le cœur d'un véritable français, et j'avoue que je ne les ai pas rencontrés chez ceux que l'ambition pousse à solliciter les premières places de l'état, et dont vous avez été trop souvent les victimes.

En 1852, par horreur de la république, vous vous êtes jetés éperdûment dans les bras du conspirateur de Boulogne et de Strasbourg, que vous avez pris comme un sauveur. Mais vous vous trompiez comme cet homme vous trompait, car Napoléon, qui n'était pas issu d'un principe, devait tôt ou tard vous précipiter dans l'abîme où vous êtes.

Si je veux la royauté, c'est parce que j'ai la conviction que, comme moi, vous sentez qu'elle seule peut nous sauver. Mais je veux la royauté légitime parce qu'elle est durable, et que, bannissant par principe toutes les royautés de rencontre, elle nous garantit contre les malheurs de l'avenir et peut seule nous rendre la prospérité et la grandeur.

CONCLUSIONS

La République est jugée dans les républicains qui nous conduisent à une perte générale et infaillible. L'empire, qui n'est qu'une souveraineté de hasard, nous a jeté dans la boue et ne saurait nous en sortir. Les dictatures sont de véritables courses d'intrigants qui ne sont que passagères, déshonorantes et ruineuses.

Mais si vous avez compris que la France ne peut être sauvée que par le retour au principe de la royauté légitime, il faut que tous les honnêtes gens s'y rallient franchement et énergiquement, sans cela, nous serons engloutis dans l'anarchie, ruinés par le pillage et l'incendie, et notre malheureux pays, dévasté par le meurtre, deviendra la proie de l'étranger.

Rappelez-vous que la révolution sociale dont nous sommes menacés n'est autre que la guerre de celui qui ne possède pas contre celui qui possède, et qu'il faudra tous en subir les tristes conséquences.

Les Orléanistes n'ont pas d'autre droit au trône de France que comme héritiers de Henri V, la Révolution de juillet n'est pas plus un titre pour eux que le 2 décembre ne saurait en être un pour Napoléon III, dont le nom doit être oublié par tous les Français.

Crions donc tous unanimement (**et l'Assemblée nationale devrait commencer**) :

Vive la France!

Vive le roi Henri V !

UN DERNIER MOT

La France reviendra forcément et fatalement au système de la royauté légitime, ce n'est qu'une question de temps, mais ce ne sera peut-être qu'après des désastres et des malheurs incommensurables, ce sont ces désastres et ces malheurs que je voudrais épargner à mon cher pays en conjurant les Français d'offrir de suite la couronne de France à sa majesté Henri V.

Et je déclare dans toute la sincérité de mon âme qu'en revenant ainsi sur mon passé, je n'obéis qu'à un profond sentiment d'amour pour la patrie, en priant Dieu de la rendre un jour digne de la république universelle que je crois encore à plusieurs siècles de nous.

Si le gouvernement actuel, qui finira avec M. Thiers, marche toujours dans la même voie, la France continuera à faire de la politique, elle se gâtera de plus en plus, elle oubliera de payer sa dette de guerre, et elle se réveillera un jour Prussienne.

J'ai à peine dit que, déjà, M. de Bismark, par sa dépêche si altière du 21 décembre, à la France, vient confirmer mes craintes; et je puis affirmer que si Henri V était sur le trône de ses aïeux, l'Europe n'eût jamais permis un pareil langage.

A. B.

Paris, 24 décembre 1871.

Paris — Imprimerie LAPORTE et Cᵒ, rue Jacques-de-Brosse, 10.

www.ingramcontent.com/pod-product-compliance
Lightning Source LLC
Chambersburg PA
CBHW051506060726
47596CB00007B/2940